AVERTISSEMENT.

DANS la nuit du 6 Décembre 1787, il est tombé une si grande quantité de pluie à Ermenonville, que le volume d'eau du petit lac en a été considérablement augmenté ; la digue s'est rompue dans l'endroit où il formoit la grande cascade : ce torrent couloit avec une telle violence, qu'il entraîna des rochers, forma plusieurs excavations dans l'avant-cour, & détruisit presque en entier la cascade des fossés du château.

A cette époque, une partie de la description qui paroît aujourd'hui, étoit achevée ; on a cru ne devoir y rien changer, parce qu'on présume M. de Gérardin assez attaché à son ouvrage, pour faire rétablir les jardins d'Ermenonville tels qu'ils étoient avant cette inondation.

1

A V I S.

L'Art des jardins, ou celui d'ajouter aux charmes de la nature champêtre, consiste uniquement à exécuter des Tableaux sur le terrain, par les mêmes regles que sur la toile ; ces deux Arts d'imitation arrivent au même but, en suivant les mêmes principes, qui sont de produire une composition agréable par la disposition des masses, des plans, & des fabriques, en observant de les lier au pays par leur forme, leur style, & leur caractère. Si le Lecteur veut réfléchir sur ce que je viens de dire, il ne sera point étonné de rencontrer fréquemment des termes techniques dans le cours de cet Ouvrage ; il sentira que je ne pouvois me dispenser d'employer les expressions de l'Art de la Peinture, pour en rendre les effets.

On prie les personnes qui désireront se procurer les dessins de différentes vues des Jardins d'Ermenonville, soit en grand, soit en petit, ou des Exemplaires coloriés de cet Ouvrage, de s'adresser à M. Mérigot, Peintre & Graveur, rue basse du Rempart, n° 13.

PROMENADE

O U

ITINÉRAIRE

DES JARDINS D'ERMENONVILLE,

Auquel on a joint vingt-cinq de leurs principales vues, deſſinées & gravées par MÉRIGOT *fils.*

Colours Speaks all Languages but word are only underſtood by ſuch a People or Nation. (*the Spectator.*)

La Peinture parle toutes les Langues ; mais les mots diffèrent ſuivant les Nations.

· PRIX, 18 liv. rel.

A PARIS,

Chez

MÉRIGOT pere, Libraire, Boulevart Saint-Martin, & les jours d'Opéra, ſous le Veſtibule.

GATTEY, Libraire, au Palais Royal, nᵒˢ 13 & 14.

GUYOT, Graveur & Marchand d'Eſtampes, rue Saint-Jacques, nᵒ. 9.

Et à *Ermenonville*, chez MURRAY.

M. DCC. LXXXVIII.

Avec Approbation & Privilège du Roi.

LA VENTE DU CHATEAU D'ERMENONVILLE

N'est-ce pas une coïncidence curieuse que la mise en vente du domaine d'Ermenonville, peuplé de si gracieux souvenirs, en même temps que l'on prépare les fêtes du deuxième centenaire de J.-J. Rousseau?...

Ermenonville!... Nom charmant, poétique demeure, lieux ravissants où par les claires nuits d'été on s'imagine que doivent errer les ombres de Gabrielle d'Estrées, d'Henri IV, de Marie-Antoinette, et celle aussi du triste auteur des *Confessions*, qui vint y chercher le dernier asile de son aventureuse, de sa néfaste existence.

J.-J. Rousseau, lorsqu'il arriva à Ermenonville, au mois de mai de 1778, sur les offres bienveillantes du marquis René de Girardin, connaissait déjà les beautés pittoresques des environs. N'avait-il pas, vingt-deux années auparavant, été l'hôte fâcheux et insupportable de cette tendre Mme d'Epinay, qui lui avait offert l'hospitalité à l'Ermitage, une agreste dépendance de son château?... « Voilà, lui avait-elle dit, votre asile ; c'est vous qui l'avez choisi, c'est l'amitié qui vous l'offre... » Chez Mme d'Epinay, Rousseau avait connu la jolie comtesse d'Houdetot, dont l'esprit vif et enjoué, la grâce séduisante savaient conquérir tous les cœurs. Il se brouilla avec l'une et l'autre, comme il était, d'ailleurs, dans ses habitudes de se fâcher avec tous ses amis, même avec ses meilleurs bienfaiteurs.

Erigée en terre seigneuriale, Ermenonville fut habitée par Gabrielle d'Estrées, qui en aimait les enchantements variés, les sites poétiques. Le Roi galant y promena souvent sa curiosité amusée. Des dîners champêtres y étaient improvisés, auxquels Henri IV et la belle Gabrielle, assis sur l'herbe veloutée, en un tête-à-tête familier, faisaient grandement honneur.

Plus tard, vers 1763, le domaine d'Ermenonville passa en la possession du marquis de Girardin, qui fit restaurer le château un peu trop délabré par le temps. Un parc vaste et délicieux y fut dessiné. Il était divisé en trois parties : le Grand Parc, le Désert et le Petit Parc. Un goût éclairé avait présidé au bel arrangement des lieux. Tout ce que l'esprit peut concevoir de charmant s'y trouvait réuni pour le plaisir des yeux : collines, vallons, bois, lacs, grottes, cascades, prairies, rivière, coins sauvages, gorges profondes, tous ces aspects multiples de la nature y avaient été combinés savamment. La Reine Marie-Antoinette ne put retenir un cri d'admiration lorsqu'elle vint pour la première fois s'asseoir sur un banc rustique du parc.

Le marquis de Girardin mit toutes ces merveilles de la nature à la disposition de J.-J. Rousseau. L'ingratitude habituelle du philosophe genevois n'eut pas le temps de se manifester envers son hôte généreux. Il mourut quelques semaines après son arrivée à Ermenonville... Toujours bon, dévoué jusqu'au bout au vilain personnage que fut l'auteur de *La Nouvelle Héloïse*, le marquis de Girardin le fit inhumer dans l'île des Peupliers, sur l'étang d'Ermenonville, d'où ses restes furent enlevés en 1794 et transférés bruyamment au Panthéon.

PROMENADE

OU

ITINÉRAIRE

DES JARDINS D'ERMENONVILLE,

ERMENONVILLE eſt à douze lieues de
poſte de Paris ; on ſuit, pour s'y rendre, la
route de *Compiegne* juſqu'à *Louvres*. A deux
milles au delà de ce bourg, avant le 15ᵉ.
mille, ſe préſente ſur la droite un chemin
pavé qu'il faut prendre ; il conduit à *Morfontaine* : il eſt difficile de ne pas s'y arrêter,
pour en voir les jardins, qui, depuis quelques
années, ſont bien changés à leur avantage.

Plus d'une lieue au deſſus de *Morfontaine*,
& peu de temps après que l'on eſt entré dans
la forêt, on trouve à ſa droite un poteau,

A iij

fur lequel eft écrit *Route d'Ermenonville* (1).
Ce chemin de traverfe, d'environ une demi-
lieue, eft fablonneux, mais praticable dans
toutes les faifons ; il paffe à côté d'une petite
baraque qui fert de *rendez-vous de chaffe.*
Là, fe trouve une route de *Barrières,* à l'entrée de laquelle on lit, *Avenue du château
d'Ermenonville.* Ce n'eft point une de ces
longues & ennuyeufes allées droites, qui
n'infpirent dès le commencement que le défir
d'en voir la fin ; c'eft une route fi agréablement deffinée à travers la forêt, qu'on ne s'eft
point encore aperçu de fa longueur, quand
on arrive à l'entrée du parc, où fe lifent
ces vers d'Horace :

Scriptorum chorus omnis amat nemus & fugit urbes.
Les favoris des Mufes aiment les bois, & fuient les
cités.

---

(1) Quand on n'a pas la clef des barrières, il faut
prendre par une autre route un peu moins agréable,
mais plus courte, dont voici l'indication.

A une demi-lieue de Morfontaine, après une def-
cente très rapide, on trouve un poteau, fur lequel eft
écrit *chemin d'Ermenonville :* fuivez-le jufqu'à la vue
de l'abbaye de Saint-Sulpice, qu'on doit laiffer fur la
droite ; & après avoir traverfé une peloufe, en côtoyant
les bois, on entre dans une route de la forêt, qui mène
droit à Ermenonville.

L'on paſſe bientôt après dans une place ſpacieuſe, du milieu de laquelle s'élève un arbre majeſtueux, & de là on deſcend à un pont fermé d'une barrière, où ſont deux inſcriptions qui annoncent le caractère des promenades d'*Ermenonville* ; l'une eſt tirée de *Piron* (1), & l'autre de *Montaigne*.

Diſparoiſſez, lieux ſuperbes,
Où tout eſt victime de l'art,
Où le ſable, au lieu des herbes,
Attriſte par-tout le regard :
Ici l'aimable nature,
Dans ſa douce ſimplicité,
Eſt la touchante peinture
D'une tranquille liberté.

Piron.

Ce n'eſt pas raiſon que l'art gaigne le point d'honneur ſur notre grande & puiſſante mère nature. Nous avons tant rechargé la beauté intrinſeque & richeſſes de ces ouvrages, par nos inventions, que nous l'avons du tout étouffée ; ſi eſt-ce que par-tout où ſa pureté reluit, elle fait une merveilleuſe honte à nos vaines & frivoles entrepriſes.

Montaigne.

Le château que vous découvrez en ſortant

_____

(1) Epître à Mademoiſelle Chéré.

de la forêt, eſt compoſé d'un corps de logis
conſidérable, auquel ſe joignent deux grandes
aîles parallèles : il n'a ni le caractère *cheva-
lereſque* des bâtimens gothiques, ni l'élé-
gance des fabriques modernes. M. de Gérardin
l'a conſervé tel qu'il l'a trouvé; il a ſeulement cherché, par les arbres qu'il a plantés
dans la cour, à rompre l'uniformité de ſes
lignes, & à diminuer la lourdeur de ſa maſſe.
S'il venoit à le reconſtruire, il lui donneroit
ſûrement le caractère noble, élégant, & pittoreſque que doit avoir la fabrique principale
des jardins d'*Ermenonville*. Il eſt placé dans
l'eſpace le plus étroit d'une vallée qui s'é-
tend du *midi* au *nord*, bornée à l'*eſt* par
les côtes argileuſes d'une plaine fertile ;
à l'*oueſt*, par les côtes ſablonneuſes de la
forêt.

Il ne faut point de permiſſion du maître
pour voir le parc ; la ſeule choſe qu'il dé-
ſire, eſt qu'on envoie ſon nom en faiſant
demander un conducteur ; ce n'eſt point par
un motif de curioſité, mais pour qu'il ne
paſſe pas, ſans qu'il le ſache, un Etranger
célèbre, un Artiſte habile, un Ecrivain diſ-
tingué, auquel il ſeroit bien aiſe de montrer
lui-même ſes jardins. Avant de les parcourir,
il faut commencer par ſe rendre au château,

GRANDE VUE DU COTÉ DU MIDI

pour faifir l'enfemble du parc dans les deux vues de la maifon. Celle du midi offre un tableau compofé dans le genre de *Claude Lorrain :* on croiroit que cet Artifte en a deffiné les plans & les maffes : cette agréable compofition eft toujours animée par une quantité de *figures* & de beftiaux qui paffent continuellement fur le pont & le chemin du village.

Les formes du terrain ont été fi bien fuivies, qu'on ne peut imaginer que ce fite n'ait pas toujours été le même , & qu'il foit entièrement l'ouvrage de l'art. Cependant des bâtimens environnoient encore il y a peu d'années une cour carrée où l'on n'entroit que par une grille de fer. Une porte gothique , flanquée de tourelles , à laquelle fe joignoient des murs à créneaux, défendoient l'entrée du château : la rue du village fe trouvoit enfermée entre ces murs & ceux qui fervoient de clôture à des potagers. Au delà de ceux-ci régnoit, dans toute la largeur du vallon, une chauffée d'étang de 60 toifes de longueur, plantée de tilleuls, qui formoient une promenade régulière : au milieu de cette digue étoit un grand efcalier en pierre de taille, qui defcendoit dans les potagers, divifés par différens canaux. Ces formes fymé-

triques ne tardèrent point à difparoitre lorfque M. de Gérardin devint Seigneur d'Ermenonville.

Bientôt les murailles furent abattues &
la forêt découverte. Pour en *rompre la ligne*,
on a placé fur une hauteur qui eft en avant
des bois, un Temple, conftruit d'après celui
de Tivoly; le grand efcalier de pierre a fait
place à une chûte d'eau ; elle forme une rivière qui tombe en cafcade dans les foffés
du château : les canaux ont été comblés, les
potagers détruits; un joli gazon les remplace;
la digue eft mafquée par des plantations qui
fe joignent aux *plants* de la forêt, & qui
rompent la monotonie de fa forme. Un pont
de bois établit la communication entre les
deux parties du village qui fe trouvent entièrement cachées. La grille de fer eft enlevée;
la cour & l'avant-cour font dépavées ; un
gazon vient les lier au payfage dont elles font
partie : des arbuftes, des fleurs forment de la
cour un jardin agréable, & fur le tapis de
verdure qui s'étend au milieu, on a planté
un groupe d'ormes qui fert de repouffoir au
payfage : c'eft ainfi qu'on a vu le féjour le
plus trifte fe métamorphofer en un fuperbe
tableau. Lorfque le génie commande, la nature obéit.

Du même falon où l'on eft placé pour jouir

VUE DU COTÉ DU NORD.

No 1.

de la vue du midi, en tournant les yeux du côté du nord, vous découvrez une belle rivière qui ferpente dans une vafte prairie : ce tableau fait un contrafte frappant avec celui que vous quittez ; il porte avec lui un caractère mélancolique & doux. Si le côté du *midi* a befoin pour l'effet des rayons brillans du foleil levant, il faut au contraire pour embellir le côté du *nord*, les rayons affoiblis du foleil couchant ; il feroit bien difficile de faire un choix entre ces deux afpects. Je fais que le tableau du midi doit plaire davantage aux Artiftes ; la compofition en eft plus riche, la couleur plus variée, la fcène plus animée ; mais je crois que l'homme fenfible donnera la préférence à celui du *nord* : il y règne toujours ce calme enchanteur, qui plaît fi fort à l'ame ; elle peut s'y répaître de fouvenirs agréables, d'idées douces, s'y bercer d'aimables chimères, tandis que du côté du *midi* elle feroit toujours diftraite par le bruit des cafcades, par le mouvement du payfage, & fe fatigueroit enfin d'une fituation qui ne lui permet pas de s'occuper des fentimens qu'elle éprouve.

Le tableau du nord étoit moins difficile à deviner ; mais la fituation en étoit encore plus défagréable que celle du midi : un marais rempliffoit la vallée dans toute fon étendue,

jufqu'au pied des côtes fablonneuſes du levant ;
la gauche étoit entièrement boiſée ; on voyoit
en face du château quatre petits carrés, en-
tourés d'arbres taillés en boule, & au milieu
de ce parterre, un baſſin avec un jet d'eau :
tel étoit le côté du nord avant que la coignée
vînt éclaircir toute la partie gauche, découvrir
la tour & la hauteur de mont Epiloy, dont
la couleur vaporeuſe & l'éloignement donnent une grande profondeur au tableau.

La rivière produite par la chûte d'eau du
midi, ſe précipite en caſcade dans les foſſés
du château, & ſe diviſe, pour l'entourer, en
deux bras qui viennent ſe réunir devant la
façade du nord ; de là, pourſuivant ſon cours
en ſerpentant dans la prairie, elle baigne pluſieurs îles : ſur la pointe la plus élevée de
l'une d'elles, eſt placé un bâtiment gothique,
dominé par une vieille tour d'un bon ſtyle ;
cette fabrique, par ſa forme & ſa maſſe, met
les fonds dans leur point de perſpective. A
l'endroit qui paroît être l'extrémité de la rivière, on a conſtruit un moulin dans le genre
de ceux que l'on trouve en Italie. En avant
des bois de la gauche on aperçoit un joli
hameau qui ſe deſſine agréablement à travers
les arbres. Le clocher de l'abbaye de *Chaalis*,
s'élève au deſſus de ce plan, & paroît en faire

partie , quoiqu'il en foit encore fort éloigné.

Ce qui mérite d'être remarqué dans la compofition du tableau du nord, c'eſt la manière ſavante dont il eſt lié au pays : on diroit que celui-ci appartient en entier au Seigneur d'*Ermenonville* : le grand art en effet eſt de ſavoir, par la diſpoſition des maſſes & des plans , s'approprier , pour ainſi dire , le bien de ſes voiſins.

En Angleterre même, on n'a jamais penſé à deſſiner un tableau fait pour être vu de la maiſon. M. de Gérardin , qui n'a point cherché à imiter le genre anglois dans ſes compoſitions , eſt le premier qui ſe ſoit occupé de l'enſemble , & c'eſt auſſi lui qui a donné le premier , en France , l'exemple d'embellir les campagnes , & qui a réduit cet art en principes dans ſon excellent Ouvrage ſur les jardins. Parmi les nombreuſes imitations auxquelles *Ermenonville* a ſervi de modèle , je ne connois que *Luſancy* où l'on ait cherché à compoſer un tableau pour la maiſon , & où l'on ait mis la campagne dans le jardin , & le jardin dans la campagne. On ne réuſſira cependant jamais à faire quelque choſe de bien , de noble , de grand , dans le genre *pittoreſque* , ſi l'on ne commence d'abord par méditer l'enſemble; c'eſt la baſe de toute bonne compofition. Cet enfemble étant bien difpofé, les détails naîtront, pour ainfi dire, d'eux-mêmes : c'eft à ce principe fondamental, dont il ne faut jamais s'écarter, qu'on doit tout l'agrément de ceux des jardins d'Erme-nonville, que nous allons parcourir.

Pour commencer la promenade, après avoir defcendu le pont qui eft à droite de la terraffe du château, prenez le fentier qui ramène au midi, à la vue de la cafcade, dont les eaux, divifées par les maffes de rochers qui s'oppofent à fon cours, fe détachent fur le fond de la forêt, & produifent un bel effet.

On fort de l'enceinte du château par une barrière qui tient à un des pavillons d'entrée : celui-ci fera célèbre à jamais ; c'eft celui qu'habitoit J. J. Rouffeau ; c'eft là qu'il a terminé fa carrière.

Les grands peupliers qu'on aperçoit de l'autre côté de la rue, ombragent un baffin formé par la fontaine du village : fur un piédeftal, fe lifent ces deux infcrip-tions :

Le jardin, le bon ton, l'ufage
Peut être anglois, françois, chinois ;
Mais les eaux, les prés, & les bois,
La nature & le payfage
Sont de tout temps, de tout pays :

CASCADE SOUS LA GROTTE.

4.

L'ENTRÉE DU JARDIN.

C'eſt pourquoi, dans ce lieu ſauvage,
Tous les hommes ſeront amis,
Et tous les langages admis.

Ici commence la carrière
D'un doux & champêtre loiſir ;
Chacun , au gré de ſon plaiſir,
A chaque borne milliaire ,
Pourra pourſuivre ou s'arrêter :
Dans la carrière de la vie,
Par le ſort ou la fantaiſie,
Chacun ſe ſent précipiter ;
Mais, pour ne jamais culbuter
Dans l'abîme de la chimère,
Le ſeul moyen, c'eſt de bien faire,
Ou bien de ſavoir s'arrêter.

C'eſt ici l'entrée du parc, dont je vais eſſayer de donner une idée. Je ſais combien les mots ſont inſuffiſans pour décrire ; ce n'eſt point avec leur ſecours qu'on peut faire connoître les formes exactes d'un pays, & les deſcriptions ſont toujours au deſſus ou au deſſous de ce qu'on veut repréſenter ; il faut avoir recours au deſſin pour rendre des payſages : auſſ l'emploierai-je pour faire connoître quelques-uns des ſites les plus intéreſſans de ces jardins. Dans un lieu où le goût a préſidé par-tout à embellir la nature, & a produit des tableaux auſſi variés que pittoreſques, ce qu'il y avoit de plus difficile étoit de favoir faire un choix, afin de ne pas rendre trop volumineux un Ouvrage dont le but eft de fervir de guide à ceux qui parcourent fes promenades; mais pourfuivons la nôtre. Ce fentier ombragé qui fuit le cours de la rivière, conduit à une grotte tapiffée de plantes rampantes, de toute efpèce, qui contribuent à lui donner un air de vétufté; entre plufieurs voûtes de rochers, on aperçoit la cafcade, que la couleur fombre de la grotte fait paroître plus brillante. C'eft du banc de mouffe qu'il faut jouir de cet effet d'eau qui eft agréable aux yeux, & porte l'ame à une mélancolie douce & tendre. Vous apercevez dans une retraite, en face de vous, cette infcription imitée du Poëte Shenftone :

Nous Fées & gentilles Naïades,
Etabliffons ici notre féjour :
Nous nous plaifons au bruit de ces cafcades,
Mais nul mortel ne nous vit en plein jour :
C'eft feulement quand Diane, amoureufe,
Vint fe mirer au criftal de ces eaux,
Qu'un Poëte a penfé, dans une verve heureufe,
Entrevoir nos attraits à travers les rofeaux.
O vous qui vifitez ces champêtres prairies,
Voulez-vous jouir du deftin le plus doux ?
N'ayez jamais que douces fantaifies,
Et que vos cœurs foient fimples comme nous.

Lors,

CASCADE SOUS LA GROTTE.

LE PETIT LAC

Lors, bien venus dans nos rians bocages,
Puiſſe l'Amour vous combler de faveurs !
Mais maudits ſoient les inſenſibles cœurs
De ceux qui briſeroient, dans leurs humeurs ſauvages,
Nos tendres arbriſſeaux & nos gentilles fleurs.

Aſſurément il faudroit être bien peu poli,
pour ne pas ſe conformer à un avertiſſement
auſſi gracieux.

Un eſcalier, artiſtement ménagé entre les
voûtes & les rochers, indique la ſortie de la
grotte. En quittant un aſile ſombre & retiré,
on eſt agréablement ſurpris de ſe trouver ſur
les bords d'un lac qui paroît n'avoir d'autres
bornes que celles de la vallée. Le ſuperbe
amphithéâtre de la forêt ſe termine à l'oueſt;
& à l'eſt une colline de verdure, plantée de
noyers, deſcend, par une pente inſenſible, juſ-
ques au bord de l'eau ; ſon extrémité ſe perd
parmi des plantations variées, en avant deſ-
quelles ſe détache l'Ile des Peupliers, où
l'on entrevoit le tombeau de Rouſſeau : ce
monument ajoute un grand intérêt à l'agrément de ce magnifique payſage, dont l'effet
eſt d'autant plus frappant, qu'il étoit abſolu-
ment inattendu.

On a fait graver au deſſus de la grotte
ce vers de Virgile :

Speluncæ viviqué lacus, hic frigida Tempe.

B

Des grottes, des lacs d'une eau vive, & la FRAÎCHEUR de la vallée de Tempé.

Les eaux qui fortent du lac pour fournir la cafcade, forment un courant que l'on traverfe à l'aide de quelques pierres : le refte de la chauffée, couvert d'une peloufe fine, offre une promenade très - agréable, qui fe perd fous une voûte de tilleuls, les feuls qu'on ait laiffé fubfifter de la grande allée qui régnoit autrefois fur toute la longueur de la digue : au fond de cette perfpective, deux colonnes qui foutiennent un périftile, paroiffent indiquer l'entrée d'un temple : la majefté de cette arcade de verdure rend cet afpect impofant.

Au lieu de pourfuivre directement votre chemin, prenez, fur la droite, un petit fentier pratiqué à travers les rochers ; il ramène au pied de la cafcade, dans un point de vue d'où elle produit encore un effet trés-piquant (1).

_____

(1) Les rochers qui font auprès de la cafcade paroiffent fi bien y avoir exifté de tout temps, que je dis à mon conducteur, que M. de Gérardin étoit bien heureux de les avoir trouvés là. — C'eft lui qui les y a fait placer. — Comment cela fe peut-il ? — Par un moyen fort fimple : il confifte à chercher dans la campagne des rochers dont les formes foient heureufes & pittorefques, de les faire caffer enfuite en maffes affez pe-

LA BRASSERIE

Le fentier s'enfonce enfuite parmi des arbres touffus qui fe courbent en voûte ; à travers les rameaux entrelaffés, on fuit le contour de la rivière ; cette allée tournante & fombre mène à un fite arrangé dans le goût italien : il donne un tableau parfaitement bien compofé, dans le genre de Robert.

Arrivé au haut de l'efcalier, au lieu de fuivre l'allée régulière & voûtée, paffez dans un bâtiment dont l'entrée eft annoncée par deux colonnes ; elles foutiennent un portique, & donnent du *caractère* à une fabrique qui jadis étoit un moulin. Du rez de chauffée on a fait une brafferie, au deffus de laquelle eft une grande falle attenante à un pont de bois; il faut le traverfer, pour regagner enfuite la forêt, où le chemin fe foutient quelque temps à mi-côte fur un terrain âpre & difficile;

tires pour en rendre le tranfport facile , de les numéro-ter & de les rapporter fur le terrain dans le même ordre. On bouche enfuite les caffures avec de la mouffe...Je fuis étonné qu'on n'ait pas employé ailleurs ce moyen, auffi facile que peu difpendieux, plutôt que de faire tailler régulièrement, à grand frais, des formes irrégulières, & de ne préfenter que des blocs de pierre, qui jamais n'imitent les rochers. Mais M. de Gérardin étoit fon architecte...

puis il defcend tout à coup dans une cavité profonde, dont les bords élevés font couronnés de bois & de rochers qui femblent fufpendus. Sous une de ces roches, couverte de mouffe & de lierre, eft un renfoncement obfcur, confacré à la méditation par l'infcription fuivante.

Between the gloomy foreft, there ftudious let me fit,
And hold high converfe with the mighty dead.

« C'eft à l'ombre des forêts que j'aime à me repofer,
» & méditer, en de fublimes entretiens, avec les
» Morts célèbres ».

En quittant cette retraite, on perd de vue les eaux tranquilles qui la baignent.

Le chemin continue entre les tiges entremêlées de la futaie, & conduit à un abri fous le creux d'un rocher, où l'on a fait allufion à la fameufe grotte de Didon.

Shower make' em both get under the cliff or grove
Thunder they hear no more but only the fweet love.

« L'orage les fit entrer tous deux fous le creux d'un
» rocher; ils n'entendirent plus le tonnerre, mais
» feulement la voix du tendre Amour ».

On s'éloigne de cette efpèce de grotte, qui n'eft point affez profonde pour offrir aux amours le voile du myftère, & pour juftifier l'infcription. Le fentier fe prolonge fous les arbres de la haute futaie, & vous mène dans un endroit où la rivière, refferrée par des rochers, ne forme plus qu'un ruiffeau rapide : le bruit fi doux de fes petites cafcades donne un charme de plus à la fraîcheur de cet affle ; au milieu du ruiffeau, s'élève fur une bafe de rochers une pierre carrée, avec cette infcription :

Coule, gentil ruiffeau, fous cet épais feuillage ;
Ton bruit charme les fens, il attendrit le cœur :
Coule, gentil ruiffeau ; car ton cours eft l'image
De celui d'un beau jour paffé dans le bonheur.

Entre les arbres qui ombragent le cours de la rivière, on aperçoit un autel de forme ronde ; mais pour jouir de cette délicieufe fituation, où *Gefner* auroit placé la fcène d'une idylle, il faut s'affeoir fur une roche au bord du ruiffeau ; elle eft appuyée contre un groupe d'aunes, qui lui fert de doffier : c'eft là que *Rouffeau*, fatigué de fa promenade, fe repofa vers le milieu d'un beau jour d'été. La folitude des forêts, le murmure mélodieux des eaux, le calme enchanteur qui règne dans les bois, le plongèrent dans une douce mélancolie. Bientôt les malheurs qu'il dut à fa célébrité, s'effacèrent de fon imagination ; il ne fe reffouvint plus que de ces temps heureux

B iij

où Madame de Warens étoit l'objet unique qui remplissoit son cœur. Revenu de cet état délicieux, qui seroit le bonheur s'il pouvoit durer toujours, l'ame encore échauffée par ces douces chimères, il s'avance d'un pas chancelant vers l'autel; il y trouve ces vers de Voltaire :

Il faut penser, sans quoi l'homme devient,
Malgré son ame, un vrai cheval de somme :
Il faut aimer, c'est ce qui nous soutient;
Qui n'aime rien, n'est pas digne d'être homme.

Encore ému par ce qu'il venoit d'éprouver, il prend un crayon; il écrit : *A la rêverie.* Tous les mots échappés à ce grand Homme méritoient d'être gravés. Les vers de Voltaire font effacés, & le burin confacre à jamais cette infcription, qui peint fi bien le caradère de cet endroit. Sur la face oppofée de l'autel, on lit :

Questo feggio ombrofo e fofco
Per i Poeti, Amanti, e Filofofi.

Les ombrages épais qui couvrent cet afile, conviennent aux Poëtes, aux Amans, aux Philofophes.

La rivière reprend un cours plus tranquille; le chemin eft refferré par la côte de la droite, qui ne laiffe entre elle & la rivière que l'efpace du fentier : des coudriers qui fe joignent fur ce paffage, y forment un berceau : cette

L'AUTEL DE LA REVERIE.

7

L'HERMITAGE

L'ISLE DES PEUPLIERS

promenade agréable vous conduit à l'endroit où la vallée s'élargit un peu.

Sur une éminence escarpée qui se présente en face, on a construit au milieu des bois un hermitage : jamais situation ne fut plus favorable & mieux choisie pour un lieu consacré à la retraite & à la solitude.

Laissez sur la droite le sentier qui monte à l'hermitage ; celui qui traverse le pont vous mène sur le bord du lac, en face de l'île des peupliers ; mais c'est un peu plus loin, *au banc des mères de famille*, qu'il faut s'arrêter, pour saisir ce tableau dans tout son ensemble.

On ne peut se défendre d'un sentiment de vénération, en apercevant le tombeau de J. J. au milieu des peupliers. Ce monument imprime un grand caractère à tout le paysage. Quel est le cœur sensible qui refuseroit quelques larmes à la mémoire d'un homme dont les Ecrits lui ont fait passer d'aussi délicieux instans ? Ceux qui, comme moi, ont eu le bonheur de connoître J. J. Rousseau, lui en doivent bien davantage. Il étoit impossible de n'être pas tendrement attaché à cet homme si bon, si aimant, & sur-tout si sensible. Mais je sens qu'il faut m'arrêter : j'ai promis au Public un *Itinéraire* d'Ermenonville, & non point l'expression des sentimens d'attachement

& d'enthoufiafme que renouvelle dans mon cœur tout ce qui me rappelle le fouvenir d'un homme que j'ai pleuré fi fouvent.

La fraîcheur, la variété du coloris, les rayons animés du foleil, le ramage des oi-feaux donnent à la nature, pendant le jour, un air de gaîté, qui ne convient point à ce tableau : on aime à la voir en deuil après la perte de fon amant. Si vous voulez jouir de tous les charmes de ce lieu, venez le con-templer dans le filence d'une belle nuit. Re-gardez la lune qui s'élève derrière l'amphi-théatre des bois ; fa lumière pâle & argentée éclaire le monument, & fe reflète dans les eaux tranquilles & tranfparentes du lac ; cette clarté fi douce, jointe au calme de toute la nature, vous difpofe à une méditation pro-fonde. C'eft à vous, amis de Rouffeau ; c'eft à vous que je m'adreffe ; vous feuls pouvez fentir le charme attendriffant d'une pareille fituation. Dans ces lieux folitaires rien ne peut vous diftraire de l'objet de votre amour : vous le voyez ; il eft là. Laiffez, laiffez couler vos larmes, jamais vous n'en aurez verfé de plus délicieufes & de mieux méritées.

Ces quatre vers font gravés fur le banc des mères de famille.

De la mère à l'enfant il rend les tendreffes,

De l'enfant à la mère il rendit les careffes ;
De l'homme, à fa naiffance, il fut le bienfaiteur,
Et le rendit plus libre, afin qu'il fût meilleur.

Sur une grande pierre couchée au pied
d'un faule voifin, vous trouvez l'infcription
fuivante :

Là, fous ces peupliers, dans ce fimple tombeau
   Qu'entourent ces ondes paifibles,
Sont les reftes mortels de Jean-Jacques Rouffeau.
   Mais c'eft dans tous les cœurs fenfibles
Que cet homme fi bon, qui fut tout fentiment,
De fon ame a fondé l'éternel monument.

Je vais donner une defcription d'autant
plus exacte du monument, qu'on ne permet
plus à perfonne d'en approcher (1).

––––––––––––––––––––––––––––––––

(1) M. de Gérardin laiffoit autrefois à tout le
monde la liberté d'aller à l'Ile des Peupliers. Bientôt
on en abufa, pour écrire des horreurs fur le tombeau ;
on effaya même d'en mutiler les fculptures ; ce fut
là l'époque où il fit défendre aux conducteurs de *mener*
fur l'Ile. Il n'y a point de femaines où l'on ne foit
obligé de raccommoder des grilles forcées, & où
l'on ne furprenne des gens qui s'amufent à détruire,
pour le feul plaifir de faire le mal : ce qui pourroit
forcer M. de Gérardin d'interdire l'entrée de fes jardins au Public, qui ne refpecte pas des lieux livrés
à fa bonne foi.

L'eſtampe (1) en offrira une idée bien nette ; on a conſervé dans la forme toute la pureté de l'antique ; c'eſt à M. *Robert* qu'on en doit le deſſin ; les ſculptutes en ont été exécutées par le *Sueur*, & ſont beaucoup d'honneur à ce jeune Artiſte ; on y découvre cependant quelques légers défauts, qu'il corrigera ſans doute. Le voyage d'Italie, qu'il a fait depuis que cet ouvrage a été achevé, aura contribué ſûrement à perfectionner ſon goût & ſon talent par la contemplation des chef-d'œuvres de l'antiquité & l'étude des grands Maîtres.

Sur la face qui regarde le midi, on voit un bas-relief, repréſentant une femme aſſiſe au pied d'un palmier, ſymbole de la fécondité : elle ſoutient d'une main ſon fils qu'elle allaite, & de l'autre tient le Livre de l'*Emile*. Derrière elle eſt un groupe de femmes qui font une offrande de fleurs & de fruits ſur un

---

(1) Elle eſt copiée d'après celle de Godefroy, deſſinée par Gautat ; c'eſt prouver à cet Artiſte qu'on ne pouvoit faire mieux. Ce jeune homme a véritablement l'amour de la Peinture, & ſe conſacre entièrement à l'étude de ſon art ; auſſi nous pouvons prédire avec aſſurance, qu'à ſon retour d'Italie il ſera un de nos meilleurs Payſagiſtes.

LE TOMBEAU DE J. JACQUES n.º 10.

autel érigé devant une ftatue de la Nature.
On aperçoit dans un coin un enfant qui met
le feu à des maillots & à différents entraves
du premier âge, tandis que d'autres fautent
en jouant avec un bonnet, fymbole de la
liberté. Les deux pilaftres qui font à côté du
bas-relief, font décorés de deux figures ; l'une
repréfentant l'Amour, l'autre l'Eloquence, avec
leurs attributs. La devife que Rouffeau a jufti-
fiée par fes Ecrits, eft placée fur le fronton,
au milieu d'une couronne.

Vitam impendere vero.

Sur la face, du côté du nord, eft écrit :
Ici repofe l'homme de la nature & de la vérité.

Sur les pilaftres correfpondans, on voit la
Nature repréfentée par une mère allaitant des
enfans ; la Vérité, par une femme nue, tenant un flambeau ; des vafes lacrimatoires font
fculptés fur les deux petites faces : fur le
fronton de ce côté, deux colombes expirent
au pied d'une urne, fur des torches fumantes
& renverfées. Tel eft, dans tous fes détails,
le monument qui renferme la cendre de
Rouffeau.

Ce n'eft pas fans peine que vous quittez
le banc des mères de famille, pour continuer la promenade ; elle paffe entre des faules

qui ne font point mutilés, comme ceux qu'on rencontre ordinairement au bord des rivières. On voit deſſous un gazon auſſi frais, auſſi beau que ceux d'Angleterre (1) ; il s'étend juſqu'au pont (2) que vous rencontrez à l'extrémité du lac ; c'eſt de là qu'il faut le regarder encore une fois dans un point de vue d'où il fait un effet extrêmement agréable ; ſur la pointe d'une île qui s'avance dans ſes eaux, vous apercevez un petit monument, dont une partie eſt cachée par des buiſſons ; il porte cette inſcription :

Hier liegt George-Friederich Mayer, aus Straſburg geburtig, er war ein geſchickter mahler und ein redlicher mann.

« Ci gît George-Frédéric Mayer, né à Straſbourg ; c'étoit un Peintre habile & un honnête homme ».

----

(1) Il a été ſemé par le jardinier Ecoſſois qui eſt à la tête des jardins d'Ermenonville, & prouve bien que ſi l'on vouloit, en France, apporter les ſoins néceſſaires à l'entretien des gazons dans les terrains humides & frais, ils ſeroient auſſi agréables qu'en Angleterre.

(2) Avant d'arriver à ce pont, on trouve un ſentier qui ſe dirige ſur la droite, & qui paſſe devant un obéliſque, pour s'enfoncer enſuite dans la forêt. Je conſeille à tous ceux qui viennent voir Ermenonville, de le ſuivre : l'inondation du 26 décembre 1787 a tellement dégradé la *Prairie Arcadienne*, que la promenade en eſt devenue preſque impraticable.

La petite rivière qui fe préfente vous en-
gage à fuivre fon cours ; elle eft ombragée par
des faules , fous lefquels paffe le chemin public de *Ver* à *Ermenonville* : c'eft celui que
l'on prend pour continuer la promenade le
long de la prairie. Nous allons bientôt trouver
des fcènes paftorales, qui nous rameneront
aux fictions aimables du premier âge. Les
tableaux de la Prairie Arcadienne auront tous
ce caractère champêtre & fimple, fi conve-
nable à des lieux qui font cenfés avoir été
habités par de *bonnes gens.* Le ruiffeau que
vous côtoyez n'a pas plus de fix pieds de
large, & trois de profondeur. C'eft cependant là le petit volume d'eau dont on a tiré
un fi grand parti pour former les lacs, les
cafcades, & la rivière des jardins d'Ermenonville : elle fe nomme la *Nonette.* Après
avoir pris fa fource au village de *Ver*, elle
defcend à *Ermenonville*, *Chaalis*, *Fontaine*,
Senlis, & va former les belles eaux qui contribuent à faire de Chantilly un féjour enchanteur : elle fe jette enfuite dans l'Oife.
Peu de rivières, dans leur cours, arrofent
des lieux plus agréables.

Après avoir traverfé le premier pont que
l'on rencontre fur la droite, vous entrez dans
un bois d'aunes, où fe trouvent une pièce d'eau

& quantité de petits ruiffeaux, dont les différentes branches féparent des touffes de bois
qui forment autant de petites îles. Du banc,
placé fur le bord de l'eau, on jouit de la vue
de la Prairie Arcadienne dans tout fon développement. Sur le devant de ce tableau eft
une cabane de rofeaux, appuyée contre un
vieux chêne, dont les branches s'étendent au
loin pour garantir de la fureur des vents
l'habitation qu'elles ombragent. Cette fimple
demeure rappelle l'idée de la cabane de *Phi-
lémon & Baucis*. On lit fur la porte :

Le fiècle d'or ne fut point fable :
Point d'or, on n'y manquoit de rien :
Dans ce fiècle de fer, eh bien !
On a de l'or, on eft plus miférable.
Le plus riche eft celui qui, fans gêne & fans foins ;
A le plus de plaifir & le moins de befoins.

Après avoir erré en fuivant le cours des
différens ruiffeaux qui ferpentent dans le bois
d'aunes, on en fort pour rentrer dans la forêt,
qui n'en eft féparée que par une petite rivière,
fur laquelle eft un joli pont de bois qu'on
paffe pour arriver à un banc circulaire ; des
coudriers pliés en berceaux le couvrent, &
forment une grotte verte. Sur le grand chêne
qui eft en face, vous apercevez un trophée
champêtre, au deffous duquel on lit cette

LA PRAIRIE ARCADIENNE.

42.

idylle, dont la musique & les paroles sont de M. de Gérardin.

O Chloé! je t'aime, parce que ton ame est aussi douce que les graces qui t'embellissent. Cette grotte de verdure, c'est moi qui l'ai faite pour toi. O Chloé! je t'aime, parce que ton ame est aussi douce que les graces qui t'embellissent. Elle est garantie des ardeurs du midi; les zéphyrs seuls y peuvent pénétrer. O Chloé! je t'aime, parce que ton ame est aussi douce que les graces qui t'embellissent. Au pied de son ombrage est une petite source d'eau pure; tous les oiseaux de ce bocage s'y rendront à ta voix; d'ici nous pourrons voir nos troupeaux bondir sur la prairie voisine. Viens, Chloé, viens dans cette retraite, & nous y serons heureux; car non seulement je t'aime, mais je t'aimerai toujours, parce que ton ame est aussi douce que les graces qui t'embellissent. Et *Chloé* aimera Daphnis, parce qu'aucun berger ne peut l'aimer, ne peut l'aimer mieux que lui.

Ainsi chantoit Daphnis, le berger qui planta cette grotte verte : Chloé, du bocage voisin, entendit son naïf chant d'amour; elle en fut vivement touchée, parce qu'elle sentit qu'elle étoit aimée véritablement. O mon ami, dit-elle en s'avançant & tendant la main à Daphnis, je viens dans ta grotte, & nous y serons heureux; car je t'aime plus que mon agneau n'aime l'herbe fleurie, plus que les abeilles n'aiment le doux parfum des fleurs (1).

---

(1) On trouvera la musique de cette idylle à la fin de l'Ouvrage.

La promenade se continue en suivant un chemin qui tantôt s'enfonce dans la profondeur des bois, & tantôt ramène à des clairières. Dans les points de vue intéressans, on trouve toujours des bancs; c'est une attention du propriétaire d'en avoir placé dans tous les endroits où l'agrément du lieu donne envie de s'arrêter. Sur le tronc de deux chênes accouplés, qui servent de dossier à l'un de ces bancs, on a gravé :

Omnia junxit amor.   **VIRGILE.**

« L'amour a tout uni. »

Auprès d'un autre, d'où l'on découvre la prairie, se lisent ces vers :

O charmante couleur d'une verte prairie,

Tu reposes les yeux & tu calmes le cœur :
Ton effet est celui de la tendre harmonie,
Qui plaît à la nature & qui fait sa douceur.

Plus loin, vous êtes arrêtés par l'aspect d'un temple rustique, situé sur une éminence : il est couvert en chaume, & soutenu par des troncs d'arbres qui tiennent lieu de colonnes. Sur le fronton on lit :

Fortunatus & ille Deos qui novit agrestes !
Illum, non populi fasces, non purpura Regum,
Flexit, & infidos agitans discordia fratres.

                          VIRGILE.
Heureux

TEMPLE RUSTIQUE.

Heureux celui qui connut les Dieux de nos campagnes! ni les faisceaux populaires, ni la pourpre des Rois, ni la discorde agitant des frères divisés, n'eût ébranlé son ame.

Bientôt après ce temple vous trouvez un chêne, dont la cîme élevée domine la forêt. Cet arbre, d'une beauté rare, est confacré à la mémoire d'un homme vertueux.

Palémon fut un homme droit :
Il a planté ce chêne.
Que ce bel arbre foit à jamais confacré
A la droiture & à la probité;
Que la foudre & le méchant s'en écartent.

Le fentier s'éloigne de la rive fraîche & fleurie de la petite rivière, pour ferpenter dans la forêt, & conduire à des points de vue dont le genre agrefte rappelle ces fcènes paftorales, embellies par la brillante imagination des Poëtes qui ont chanté les amours des Bergers & les mœurs du fiècle d'or ; il ramène enfuite fur le bord du ruiffeau, à l'endroit où l'on a placé un petit obélifque. Ce monument, fitué près du chêne de Palémon, eft conftruit en brique, dont la couleur *rougeâtre* s'accorde parfaitement avec la teinte myftérieufe que répand fur cet afile le vert fombre des aunes qui l'environnent de toutes parts. Chacune des faces de cet obélifque eft

C

dédiée à l'un des Poètes qui ont excellé à
préfenter les douces images de la nature.

Dem Salomon Gefner.
Er hat gemahlet was er
Gefagt hat.

« A Salomon Gefner. Il a peint ce qu'il a dit ».

Thompfon,
Like the circling fun; his
Warm genius
Coloured and vivified every
Seafon of the year.

« Semblable au foleil dans fon cours, le génie brûlant
» de Thompfon colora & vivifia les faifons ».

Genio P. Virgilii Maronis
Lapis ifte, cum luco, facer efto.

« Que cette pierre & ce bois foient confacrés au
» génie de Virgile ».

Θεόκριτ᾽ Ἀπολλον φιλω, Μωσῆς τε δίης,
Συι τησιν δ᾽ ἅδαι ἤρξαῖο Βωκολι ίκαι.

« A Théocrite, Poëte chéri d'Apollon & des divines
» Mufes, qui lui apprirent à chanter les Bergers ».

Auprès de l'obélifque, fur une pierre de
taille couchée au pied d'un groupe d'aunes,
on lit les vers fuivans.

This plain ftone
To William Shenftone
In his verfes he difplay'd
His mind natural

L'OBELISQUE.

13

At Leaſowes (1) he lay'd
Arcadian greens rural.
Venus fresh riſing from the foamy tide,
She ev'ry boſom warms,
While half withdrawn she ſeems to hide
And half reveals, her charms.
Learn hence, ye boaſtful ſons of taſte!
Who plan the rural shade,
Learn hence to shun the vicious waſte
of pomp, at large diſplay'd.

« Cette ſimple pierre eſt dédiée à W. Shenſtone; dans ſes vers il déploya un génie facile & naturel; à Leaſowes il rappela les ſites touchans & champêtres de l'Arcadie.

» Vénus, ſortant de l'écume de l'onde, embraſe tous les cœurs, lorſque, ſe dérobant aux yeux, elle ſemble voiler à moitié des charmes qu'elle laiſſe pourtant entrevoir. Apprenez de là, vous qui vous vantez d'être les enfans du goût, & qui deſſinez les jardins champêtres, apprenez à éviter la profuſion vicieuſe d'une magnificence étalée tout à la fois ».

Le chemin qu'on voit s'enfoncer dans la forêt ſous des coudriers touffus, eſt celui qu'il faut prendre en quittant l'obéliſque : il conduit à une hauteur, ſur laquelle ſe trouvent pluſieurs ſorbiers aux grapes couleur de feu. Ce fut là que les ouvriers, occupés à briſer

---

(1) Leaſowes eſt dans le comté de Salop, ſur le chemin de Birmingham à Bewdeley; il n'y a point en Angleterre de jardin plus délicieux & plus poétique : il a été deſſiné par le Poëte Shenſtone, auquel il appartenoit.

un rocher pour construire l'hermitage, entendirent la terre retentir sous leurs coups. Pour de pauvres gens, tout endroit qui résonne ainsi, recèle un trésor. Aussi-tôt on fouille, on cherche, on découvre un *seuil* & des *jambages* de porte; mais au lieu d'or, il ne se trouve que des pierres à fusil, un éperon de fer, & quantité d'ossemens; c'est ce que constate l'inscription gravée sur un piédestal à l'entrée du caveau.

Hic fuerunt inventa plurima
Ossa occisorum, quando
Fratres fratres, cives cives trucidabant.
Tantùm Religio potuit suadere malorum !

Ici furent trouvés beaucoup d'ossemens de gens massacrés, dans ces temps où les frères égorgoient leurs frères, & les citoyens leurs concitoyens. Tant le fanatisme a pu causer de maux !

On s'éloigne volontiers de ce monument de barbarie, qui rappelle des temps d'horreurs & de calamités, où l'amour de Dieu servit de prétexte à la fureur des hommes.

Assez près de cette espèce de *catacombe*, se trouve l'Hermitage, dont nous avons donné la *vue*. Un petit enclos, fait de pâlis, forme l'emplacement du jardin; comme il n'y a point d'hermite, il n'est point cultivé : plusieurs se sont présentés pour l'habiter, mais n'ont pas été admis. Je le conçois facilement; il étoit

à craindre que leur perfonne n'ajoutât rien
à l'agrément de leur habitation.

L'intérieur de l'hermitage eſt meublé avec
toute la ſimplicité qui convient au caractère
du bâtiment ; on a évité le mauvais goût de
ceux qui ont placé dans des fabriques du
même genre tous les uſtenſiles monaſtiques,
depuis le ſablier juſqu'à la tête de mort ;
détails qui n'offrent que le tableau dégoûtant
de l'ignorance & de la ſuperſtition , & en
s'eſt éloigné de l'excès, encore plus ridicule,
de ceux qui les ont décorés avec un luxe
recherché, imaginant que la richeſſe de l'intérieur devoit faire un contraſte agréable avec
l'aſpect ruſtique de l'extérieur.

Sur la porte de l'Hermitage ſe liſent ces
deux vers :

> Au Créateur j'élève mon hommage ,
> En l'admirant dans ſon plus bel ouvrage.

Si vous deſcendez par l'eſcalier de l'Hermitage , vous vous trouvez dans un vallon
reſſerré entre des bois épais, & des pentes
couvertes de fougère. La route de la gauche
conduit, en tournant, au ſommet de la côte,
ſur laquelle eſt ſitué le Temple de la Philo-
ſophie , qui fait un ſi bel effet de tous les
points dont il eſt aperçu.

Cette fabrique fait le devant d'un tableau

dont la composition ne laisseroit rien à désirer, si l'on n'apercevoit pas le château dans le fond. Il faut avouer pourtant qu'il est moins désagréable de ce point de vue, que de tout autre, parce qu'il est en partie caché par des groupes d'arbres; cependant sa lourde masse & ses toits élevés font un contraste choquant avec le style noble & élégant du Temple. Ce monument, érigé à la Philosophie moderne, est dédié à *Michel Montagne*, comme on le voit par l'inscription placée dans l'intérieur du bâtiment.

Hoc Templum inchoatum Philosophiæ nondùm perfectæ Michaëli Montagne, qui omnia dixit, sacrum esto.

Que ce temple de la Philosophie, qui est encore imparfaite, soit consacré à Michel Montagne, qui a tout dit.

Sur le fronton de la porte :

Rerum cognoscere causas.   **VIRGILE.**

Connoître le principe des choses.

Sur une colonne brisée, à l'entrée du temple :

Quis hoc perficiet ?

Qui l'achevera ?

Sur la base de la même colonne :

Falsum stare non potest

Le faux ne sauroit subsister.

LE TEMPLE DE LA PHILOSOPHIE.

Cette grande vérité eût été mieux placée
sur une partie du Temple qui auroit eu l'air de
s'en être détachée. Chacune des six colonnes,
d'ordre toscan, qui soutiennent la rotonde, est
consacrée à la mémoire d'un grand Homme
qui fut utile à ses semblables par ses Ecrits
ou par ses découvertes.

N E W T O N.

Lucem . . . . La Lumière.

D E S C A R T E S.

Nil in rebus inane. . . . Nul vide dans la Nature.

V O L T A I R E.

Ridiculum . . . . Le Ridicule.

W. P E N N.

Humanitatem . . . . . . L'Humanité.

M O N T E S Q U I E U.

Justitiam . . . . La Justice.

J. J. R O U S S E A U.

Naturam . . . . La Nature.

On aperçoit autour du Temple des mor-
ceaux d'entablemens, des chapiteaux, des
colonnes, & tous les matériaux nécessaires
pour achever la rotonde. Ces colonnes atten-
dent, pour être élevées, ces Génies privilégiés
qui paroissent un instant pour honorer leur
patrie & éclairer leurs semblables : peut-être
resteront-elles ainsi couchées pendant plusieurs

C iv

fiècles; car il eft bien plus facile d'obtenir une place à l'Académie, que de mériter une colonne au Temple d'Ermenonville.

On s'éloigne de ce monument, dont l'idée allégorique eft grande & fublime, en fuivant une route ombragée & folitaire : après quelques détours, elle ramène à cette place circulaire qu'on traverfe en arrivant à Ermenonville, & du milieu de laquelle s'élève un hêtre majeftueux, qui, par fa hauteur prodigieufe & la beauté de fes formes, a l'air d'être l'arbre facré de la forêt. On a conftruit autour de fon tronc un orcheftre champêtre. C'eft fous l'ombrage de cet arbre fuperbe, que les payfans fe raffemblent les Fêtes & Dimanches. Dès que les fons aigres & faux des Menétriers fe font entendre, toute la jeuneffe s'anime ; chaque-garçon va choifir une fille : fon cœur conduit fa main ; & tous fe mettent à fauter en cadence, ou à peu près. C'eft dans ces bals ruftiques que prennent naiffance les amours des villageois, amours qui commencent par le plaifir, pour finir par le mariage.

On a conftruit à l'entrée de la place un grand bâtiment couvert en planches ; s'il furvient un orage, les villageois peuvent s'y mettre à l'abri, & continuer leurs danfes.

LE GROS HÊTRE

15

Celui qui n'a qu'un feul jour dans la femaine
pour fe divertir, ne doit pas perdre un feul
moment. On a raffemblé tous les jeux autour
de ce lieu confacré aux plaifirs du village.
Si la jeuneffe fe réunit aux fons des violons,
les hommes d'un âge mûr pouffent d'un
bras vigoureux la balle dans les airs, tandis
que d'autres, d'un poignet ferme & nerveux,
s'exercent à lancer la flèche qui doit un jour
leur mériter le *gobelet* d'argent promis au plus
adroit. Sur l'arcade qui fe trouve au milieu
du jeu d'arc, on lit cette devife :

In medio virtus.

Les bons vieillards, dont les forces ne leur
permettent plus de fe livrer à ces exercices,
font encore heureux, en répétant que dans
leur temps on étoit bien plus agile, bien
plus adroit.

Mais fuivons le chemin qui côtoye le jeu
de paume; la mufique champêtre, le bruit
du battoir qui renvoie la balle, les chants des
villageoifes, les cris des enfans fe confon-
dent; & à mefure que vous vous éloignez,
la futaie reprend fon caractère filencieux.
Elle eft compofée de jeunes charmes, dont
les rameaux, en fe réuniffant en berceau,
loin de produire une obfcurité profonde, ne

préfentent qu'un jour égal & doux, qui repofe les yeux & convient fi fort à l'ame.

L'afpeæ d'un autel carré, femblable à ceux
des Druides, vous fait fortir de cette mélancolie fi douce dans laquelle le calme des
bois vous plonge prefque malgré vous. Cet
autel eft placé à côté d'un chêne antique,
auquel eft fupenfdu un large bouclier qui
porte l'infcription fuivante.

Que ce vieux chêne efmy, cet ancien bois,
De nos aïeux nous ramente l'ufage;
Par la fageffe ils choififfoient leurs Rois,
 Leurs Généraux par le courage.
Le vice n'étoit point, chez ces braves Gaulois,
 Objet dont on ne fît que rire :
Plus fort que n'eft ailleurs celui des bonnes lois ;
Des bonnes mœurs chez eux plus fort étoit l'empire.
Tout enfant par fa mère étoit lors allaité,
Et leurs femmes étoient leurs confeils, leurs oracles,
 Et n'eftimoient de dignes tabernacles,
 Pour rendre culte à la Divinité,
Fors du dôme des cieux les voûtes éternelles,
Ou des chênes anciens les ombres folennelles.

Déjà le jour devient plus vif, les rayons
du foleil plus brillans, l'ombrage eft moins
épais, la vivacité de la lumière augmente à
chaque pas ; tout vous annonce que la futaie
va finir. Effeâivement vous arrivez bientôt
au grand chemin de fable qui fépare le Défert

de l'enclos de la forêt. Sur un arbre isolé vous lisez ces vers d'Horace :

Tantum juvat (1) *silvas interreptare salubres*
Curantem quidquid dignum sapiente, bonoque est.

HORACE, *Lib.* 1 , *Epit. IV.*

Quel plaisir d'errer dans les bois pour celui qui médite sur tous les objets dignes des recherches de l'honnête homme & du Sage.

De l'autre côté du chemin de *Senlis* à *Ermenonville*, on trouve une baraque construite avec de vieilles souches placées les unes sur les autres; ce qui lui donne un caractère rustique, mais non pas une forme pittoresque. Ce changement de scène auroit pu être préparé par un bâtiment d'un style plus prononcé. On lit sur la porte de celui-ci:

Le Charbonnier est maître chez lui.

J'avois vu cette inscription en voyageant en Angleterre, & n'en fus point étonné....

Après avoir traversé cette baraque, on entre dans la partie du parc appelée le *Dé-sert*. Que le pays qui se présente alors à vos yeux est beau, vaste, & magnifique !

Un terrain inculte, couvert de productions de toute espèce, une immense quantité de genêts, dont la fleur dorée produit un coup-d'œil raviffant ; des côtes de bruyères, des

─────────────────────────

(1) Horace a dit: *An tacitum silvas interreptare salubres.*

fonds de fable, des rochers couronnés de pins,
une grande étendue d'eau, des genevriers
auffi vieux que le monde, des forêts, des
montagnes à l'horizon fe perdant dans la
vapeur. L'abbaye de Chaalis, aperçue dans le
lointain, femble avoir été placée exprès pour
achever de donner un caractère mélancolique
à ce pays, dont l'afpect fauvage n'a pourtant rien d'effrayant.

Dans ce lieu, la main de l'homme auroit
profané la Nature; il falloit fe contenter d'en
jouir, de l'admirer, & fur-tout n'y rien changer; des fentiers femblables à ceux des chaf-
feurs, pour amener dans les points de vue
les plus intéreffans, voilà tout ce qu'il falloit
y faire. Le propriétaire d'*Ermenonville* a
donné trop de preuves de goût dans la compofition de ces jardins, pour ne l'avoir pas
fenti; auffi cette partie du parc eft-elle unique
dans le monde. Elle forme une oppofition
fi fingulière avec le pays que vous avez traverfé, qu'on s'y croit tranfporté par un art
magique.

Parcourons-en les détails, quelques vues
en donneront une légère idée; car la Peinture
ne peut qu'être bien imparfaite auprès d'un
pareil modèle: il eft des fituations que le
pinceau ne peut rendre.

VUE PRISE DE L'ORME HEUREUX.

61

L'orme heureux qui eft tout près de la ca-
hutte du Charbonnier, offre une vue fi bien
compofée, que je lui ai donné la préférence
dans la quantité que j'aurois pu choifir :
beaucoup de gens inftruits, en lifant fur cet
arbre, *Le voici cet orme heureux où ma
Louife a reçu ma foi*, fe font rappelé l'a-
riette du *Déferteur*; ils ont effacé *ma foi*,
pour y fubftituer *mes vœux*.

Le fentier que vous fuivez traverfe un
petit bois de pins, & conduit fur une hauteur où eft pratiquée une grotte cintrée,
foutenue par un pilier. On y lit ces quatre
vers gravés fur le roc :

Vois-tu, paffant, cette roche creufée ?
 Elle mérite ton refpect :
Elle a fervi, toute brute qu'elle eft,
Pour abriter la Vertu couronnée.

Cette grotte, ou plutôt ce banc couvert,
préfente un afile commode pour jouir de la
fuperbe vue que l'on découvre de la roche
Jofeph. Si l'on me reprochoit de ne l'avoir
pas fait graver, je répondrois qu'elle étoit
trop étendue pour être réduite dans un auffi
petit format; d'ailleurs les vues à vol d'oi-
feau, qui produifent fouvent un effet agréable
par leur immenfité & leur variété, font ordinairement très-ingrates en peinture, où la mul-

tiplicité des détails nuit à l'effet général. Je
demandai à mon conducteur, avant de quitter
cet endroit, l'explication des vers de l'infcription. Il me dit que l'Empereur étant venu
voir *Ermenonville*, la pluie l'avoit furpris
dans ce lieu, & qu'il s'étoit mis à couvert
fous cette grotte ; c'eſt depuis ce temps qu'elle
eſt appelée la *roche Joſeph* ; & M. de Gérardin a voulu confacrer ce petit événement
par ces quatre vers. J'avoue que je fus fâché
que cet hommage à *Joſeph* II vînt troubler
dans mon efprit l'idée d'égalité que l'afpect
d'un défert y avoit fait naître.

En fuivant le fentier tracé à mi-côté, vous
trouvez écrit fur un tronc de genevrier :
Sentier des Peintres. Que tous ceux qui
n'ont rien fenti en parcourant l'enclos de la
forêt, qui n'ont rien éprouvé lorfque le
tableau du Défert s'eſt préfenté à eux dans
tout fon développement, enfin que ceux qui
ne font venus ici que pour pouvoir dire,
& moi auſſi j'ai vu Ermenonville, s'arrêtent
là. Que gagneroient-ils à pourfuivre ? Rien.
En defcendant la montagne, ils arriveront
à la maifon de *Jean-Jacques* par un chemin
plus court & plus facile, & n'en auront pas
moins vu *Ermenonville*. Mais que ceux qui
cultivent les arts ou qui en ont le fentiment,

fuivent le *fentier des Peintres*; il eſt fait pour les gens de goût, les Artiſtes, & les Amateurs ; le plaiſir qu'ils éprouveront les dédommagera de la fatigue de monter & deſcendre à tous momens pour ſuivre un chemin tortueux, par lequel on arrive à des points de vue différens, qui portent tous un caractère ſauvage & étranger. Le jeune Elève qui brûle de marcher ſur les traces des grands Maîtres, y trouvera, à chaque pas, de quoi faire des études qui l'aideront à s'en approcher ; & l'Artiſte conſommé pourra y étudier auſſi les formes heureuſes, variées, & pittoreſques des geneviers, qui ne ſont nulle part auſſi beaux ni en auſſi grand nombre qu'ici.

Après avoir parcouru cette côte couverte d'arbres verts, & embellie de toutes les productions ſauvages de la Nature, vous deſcendez dans une vallée de ſable blanc, d'où l'on découvre des collines ſablonneuſes, couvertes de bruyères, d'une immenſe étendue, & terminées par la forêt : une chaîne de rochers couronnés de pins , forme le devant de ce tableau de *Salvator*; c'eſt en ce lieu aride, agreſte, inhabité, que l'homme peut ſe convaincre qu'il eſt dans la Nature des ſituations qu'elle n'a point créées pour lui. O tous, ames ſenſibles, que l'aſpect de ce Déſert

ne vous effarouche pas ! venez le parcourir ;
le souvenir de l'objet aimé vous accompa-
gnera dans vos promenades solitaires ; & vous
aussi, homme juste, victime de la méchanceté
de vos semblables, vous pourrez y trouver
quelques adoucissemens à vos peines ; mais
que le méchant s'en écarte, il y seroit seul
avec lui-même.

Après avoir traversé cette vallée sablon-
neuse, & s'être arrêté au banc placé près
d'un buisson de genevrier, on arrive au pied
des rochers : un petit sentier qui prend sur
la droite vous les fait parcourir, & donne
des tableaux assez agréables, pour ne pas
trop vous apercevoir de la difficulté du chemin qui vous fait gravir à travers les rocs,
pour vous mener enfin au sommet, sur lequel
s'élève une maison couverte en chaume : l'intérieur est tout en rochers ; on lit sur celui
qui est en face de la porte : *Jean-Jacques
est immortel.* Le temps, qui détruit tout, peut
effacer cette inscription, mais elle se gravera
successivement dans tous les cœurs sensibles,
tant qu'on lira les Ouvrages de Rousseau.
Cette chaumière est la plus ancienne fabrique
des jardins d'Ermenonville ; elle fut dédiée
à J. J., dont elle porte le nom, & qu'elle
conservera sans doute. Des bancs de mousse,

pratiqués

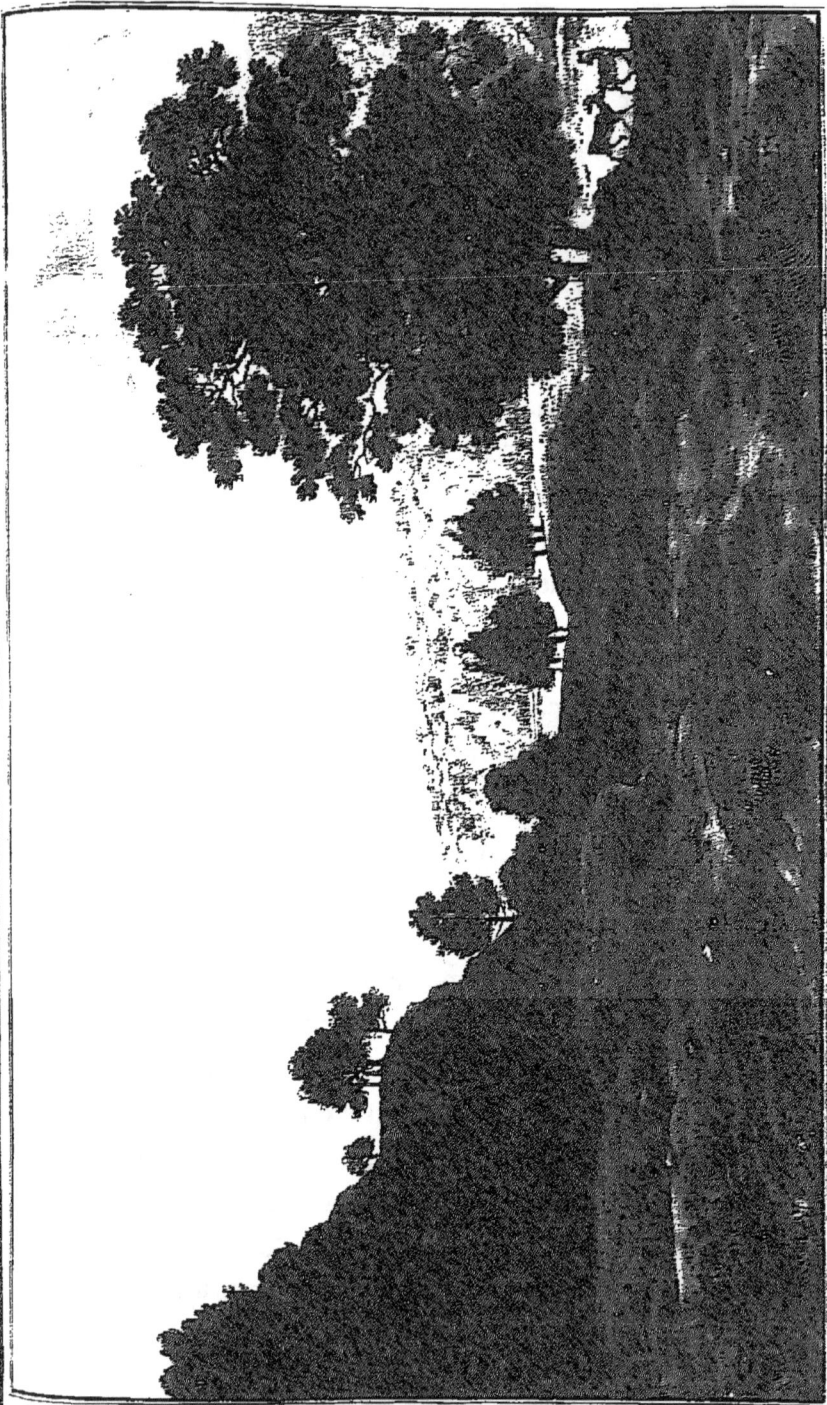

LE DESERT

VUE PRISE DE LA CABANE DE J. JACQUES.

N.° 18.

pratiqués en avant, invitent à se reposer dans cet endroit. On y jouit de la vue du lac, de la tour de Gabrielle, d'une échappée de la rivière. L'estampe donne une idée de cette superbe situation. En parcourant les environs de la maison, on trouve gravés, sur plusieurs quartiers de rocs, différens passages des Ecrits de Rousseau. Les voici :

Celui-là est véritablement libre, qui n'a pas besoin de mettre les bras d'un autre au bout des siens pour faire sa volonté.

C'est sur la cîme des montagnes solitaires que l'homme sensible se plaît à contempler la Nature ; c'est là que, tête à tête avec elle, il en reçoit des inspirations toutes puissantes, qui élèvent l'ame au dessus de la région des erreurs & des préjugés.

Tout ici retrace à vos yeux la situation de Meillerie ; tout rappelle à votre cœur l'idée de Saint-Preux écrivant à Julie, appuyé sur un quartier de roc qui lui servoit de table ; c'est là qu'il faut venir, au lever du soleil, lire cette lettre brûlante qui décida Julie ; c'est là qu'il faut venir renouveler aux pieds de sa maîtresse le serment de l'aimer toujours.

On s'éloigne à regret d'un lieu où les idées s'agrandissent & s'élèvent en rendant hommage au brûlant Auteur de l'Héloïse ; le cœur est vivement ému par le souvenir que J. J. se

D

repofoit fouvent dans cet endroit, après avoir
herborifé aux environs : ici tout eft rempli de
l'idée de Rouffeau. C'eft le droit du génie
d'imprimer un caractère facré à tous les lieux
qu'il habita.

Mais reprenons le fentier : il conduit fur
les bords du grand lac, à un banc ombragé
par des aunes. De là vous voyez les eaux
baigner les rochers couverts de rofes fauvages, de chevrefeuils, de fapins. *C'eft le
monument des anciennes amours.* Si une bar-
que eft arrêtée fur le rivage, elle amène Julie
& fon amant ; ils parcourent ces promenades
folitaires ; Saint-Preux fait remarquer à Julie
leurs chiffres entrelacés, le caillou qui lui
fervit de burin ; il lui fait lire cette infcription.

Ma pur sì afpre vie , nè sì felvagge
Cercar non fo , ch'amor non venga fempre
Ragionando con meco ed io con lui. *PETRARCA.*

« Point ne faurois trouver chemins fi difficiles ni
» lieux fi fauvages, que l'Amour n'y vienne toujours
» raifonner avec moi, & moi avec lui. »

Plus loin elle voit ce paffage de Pétrarque :

Chi non fa come dolce ella fofpira,
E come dolce parla, e dolce ride ?

« Qui ne fait comme elle foupire, comme elle
» parle, & comme elle fourit avec douceur » ?

MONUMENTS DES ANCIENNES AMOURS.

Il lui lit celui-ci :

Di penfier' in penfier, di monte in monte,
Mi guida amor, e pur nel primo faffo
Difegno con la mente il fuo fegno.

« De penfers en penfers, de montagnes en mon-
» tagnes l'Amour me guide, & fur le premier rocher
» mon imagination fe plaît à deffiner fon chiffre ».

Ici tout eft plein de l'image de Julie ; elle
ne peut faire un pas fans en avoir de nou-
velles preuves. Madame de Wolmar, touchée
de tant d'amour, va redevenir Julie ; elle le
craint ; elle prend le bras de Saint-Preux, &
lui dit : *Allons-nous-en, mon ami, l'air de
ce lieu n'eft pas bon pour moi.*

Quelle différence, me dira-t-on, de ces
monts qui s'élèvent dans les nues, de ces rochers qui fe perdent dans les airs, de ces
fapins auffi vieux que le monde, à ces objets
qui font devant moi ? J'en conviens ; mais
ceci en eft le tableau en miniature. L'imagination qui voudroit vous tranfporter dans ces
lieux confacrés par la profe de Rouffeau,
agrandit les objets : fi le charme de la lecture
de l'Héloïfe, ou les fouvenirs délicieux de
cet Ouvrage viennent s'y joindre, alors l'il-
lufion eft complète, & vous n'êtes plus à
Ermenonville.

D ij

Mon conducteur, en m'avertissant qu'il falloit continuer la promenade, produisit sur moi l'effet du réveil, après un songe agréable. Je suivis le sentier le long du lac, qui, resserré par une île, prend la forme d'une petite rivière. La vue est arrêtée, à droite, par des arbres plantés sur le rivage ; à gauche, on découvre une montagne de bruyères, couronnée d'une forêt de pins. Ce caractère sauvage & retiré prête un charme si grand à ce paysage, qu'on ne peut s'empêcher de dire avec Rousseau :

La Nature fuit les lieux fréquentés ; c'est au fond des forêts, au sommet des montagnes, & dans les déserts qu'elle étale ses charmes les plus touchans.

Que ceux qui ne craignent ni les ardeurs du soleil, ni l'âpreté des montagnes, suivent les hauteurs du désert en côtoyant le bois de pins qui couvre le sommet de la côte. La beauté, la variété des aspects & des paysages qu'ils trouveront sur leur route, les dédommagera de la fatigue ; mais, je le répete encore, il est des beautés dans la Nature qui ne peuvent être senties que par des Artistes ou des gens de goût ; c'est pourquoi l'on a fait passer la promenade au bord de l'eau, pour l'abréger

& la rendre moins pénible. Les effets qu'elle présente ne font pas auffi impofans, mais ils n'en font pas moins agréables.

A l'endroit où la rivière vient rejoindre le lac, on traverfe une chauffée qui le fépare d'avec une autre pièce d'eau beaucoup plus petite. On y a conftruit une baraque, appelée la *Maifon du Pêcheur*. C'eft un banc abrité, d'où l'on jouit de deux vues d'un genre différent; l'une eft celle du lac dans fa plus grande étendue, l'autre eft celle d'une partie de l'abbaye de *Chaalis* qu'on aperçoit a travers les groupes d'arbres. La petite pièce d'eau fait le devant de ce payfage, qui rappelle le genre de *Ruifdall* & de *Vangoyen*.

En quittant la maifon du Pêcheur, entrez, à droite, dans un bois planté fur une côte. D'abord les arbres ne vous laiffent qu'entrevoir les eaux du lac; mais bientôt on arrive fur fes bords, d'où l'on découvre toute la côte de J. J. & la forêt de pins. Je ne veux point effayer de décrire les charmes de cette promenade; cette tâche feroit trop au deffus de mes forces; je ne pourrois jamais rendre les effets du foleil couchant, dont les derniers rayons viennent dorer les rochers, & forcer encore la teinte noirâtre des arbres verts, le calme enchanteur qui règne autour

D iij

des eaux après le coucher du foleil, l'odeur fuave & délicieufe du muguet, dont la Nature a pris foin de tapiffer la colline de la gauche. C'eft dans les premiers jours de Mai que cette délicieufe fleur répand fon doux parfum ; c'eft auffi dans ce temps qu'il faut voir *Erme-nonville*; c'eft dans la jeuneffe de la nature qu'il faut venir l'admirer.

En remontant la colline boifée, vous arrivez au banc des genevriers, d'où l'on a pris une vue fort agréable de la paroiffe d'*Er-menonville*. Non loin de là vous traverfez un grand chemin de fable ; c'eft une commu-nication de village : on n'a point cherché à en féparer la partie du parc appelée le *Défert*. Dans un endroit où la Nature n'eft belle que de fes propres beautés, elle appartient à tout le monde, & tout le monde doit en jouir. Si l'on apercoit de temps en temps des pâlis, ils n'ont point été faits pour en défendre l'entrée, mais feulement pour empêcher que les bêtes *fauves* ne viennent détruire les arbres verts. Ce chemin fépare le Défert de l'enclos de la Prairie. L'œil, fatigué des grands effets de la Nature & de la couleur *laqueufe* des bruyères, des tons dorés, des fables, & des fleurs de genêt, va fe repofer avec un nou-veau charme fur ce vert tendre & doux qui

LE HAMEAU.

20

eſt la robe de la Nature. Les tableaux offriront moins de grands effets , la couleur ſera plus monotone ; s'ils ſont moins pittoreſques , ils ſeront plus aimables , & plairont plus généralement.

Pour arriver à l'enclos de la Prairie , vous prenez la première route à gauche ; elle traverſe le bois du Roſſignol : il eſt marécageux , & n'eſt point encore arrangé pour la promenade ; on pourroit , en le deſſéchant , conſerver de petits ruiſſeaux , tirer parti de la ſource minérale qui s'y trouve , pour la faire ſortir d'une fontaine ſemblable à celle de la Nymphe Egérie. Cette fabrique jetteroit un grand intérêt ſur la compoſition de ce boccage. Dans le genre ſymétrique , le plan une fois exécuté , tout eſt fini ; mais quand on ne prend que la belle Nature pour modèle , il reſte toujours quelque choſe à faire pour s'en rapprocher davantage & pour atteindre à la perfection.

En ſortant de ce bois d'aunes , vous trouvez ſur la droite une chauſſée en dehors des limites du parc. Par-tout l'œil ſe repoſe avec délices ſur de belles prairies ; elles ſont circonſcrites entre deux lignes de bois. La jolie rivière dont vous apercevez le cours , ajoute un grand charme à ce pays champêtre. Il faut

s'arrêter un inftant au fecond pont de pierre
qui fe trouve fur la route, pour regarder,
de ce point, l'effet agréable du tableau du
moulin.

Vous rentrez dans le parc, à l'endroit où
le trop plein de la rivière vient former une
cafcade, fous un petit pont d'une feule arche.
Vous arrivez bientôt après à une maffe de
peupliers qui cache un bâtiment extrêmement bas & couvert de dalles; il renferme
une fource abondante & limpide, qui fournit
de l'eau à l'abbaye de Chaalis; c'eft un regard (1) concédé aux Religieux par les anciens Seigneurs d'Ermenonville. Si nous en
donnons la vue, ce n'eft pas qu'elle foit
extrêmement pittorefque, c'eft feulement pour
faire voir le parti qu'on peut tirer, dans un
jardin, d'un objet qu'il eft impoffible de dé-
placer. Une urne de marbre, une porte d'un
bon ftyle ont achevé de donner à ce réfer-
voir la forme d'un tombeau. Ces vers de
Pétrarque qui font au deffus de la porte,
font fuppofer que c'étoit celui de *Laure*;
c'eft le nom de celle qu'il aimoit & qu'il a
chantée; c'eft auffi le nom de ce monument.

_____

(1) C'eft un mot ufité dans le pays pour exprimer
une fontaine couverte.

21

LE MOULIN.

TOMBEAU DE LAURE.

22.

Non la conobbe il mondo mentre l'ebbe :
Conobbil' io , ch'a pianger qui ramaſi.

« Le monde ne la connut pas lorſqu'il la poſſédoit ;
» mais je la connus bien, moi qui ſuis reſté ici pour
» la pleurer. »

Sur la face oppoſée à la porte, on lit :

Chiare , freſche , e dolci acque ,
Ove le belle membra
Poſe colei che ſola a me par donna ;
Se lamentar augelli , o verdi fronde
Mover ſoavemente all'aura eſtiva ,
O roco mormorar di lucid' onde
S'ode d'una fiorita , e freſca riva ;
Là' v'io ſeggia d'amor penſoſo , e ſcriva ;
Lei che'l ciel ne moſtrò , terra n'aſconde.

PETRARCA.

« La ſeule qui me parut belle dans la Nature ,
» vint rafraîchir ſes appas dans cette onde douce , pure ,
» & limpide.

« Occupé de penſers d'amour , je viens dans ces
» lieux , où l'on entend les oiſeaux ſe lamenter , le
» doux zéphyr agiter mollement les feuillages , le
» murmure des eaux limpides qui arroſent une rive
» fraîche & fleurie ; & j'écris , *Celle que le ciel nous*
» *montra , La terre nous la cache* ».

Lorſqu'on a traverſé une auſſi grande étendue de prairie, expoſée aux ardeurs du midi,
quel plaiſir n'éprouve-t-on pas en arrivant
dans le joli bois d'aunes, qu'on appelle le
Bocage ! L'entrée en eſt annoncée par un

bâtiment (1) d'une forme ronde, avec cette dédicace : *Otio & Mufis, au Loifir & aux Mufes.* Il tombe en ruine ; l'on ne paroît pas difpofé à le faire rétablir : on fent combien il eft déplacé.

Suivez ce fentier qui fe préfente à vous ; il conduit à une grotte cintrée, où vous trouverez un banc de mouffe : l'on s'y arrête avec raviffement, pour y jouir de la fraîcheur qui règne dans ces lieux. Vis-à-vis eft un baffin d'une eau claire & limpide, du fond duquel s'élèvent, en bouillonnant, fept fources différentes, dont l'une apporte une grande quantité d'un fable blanc & fin ; ce fable forme le lit du petit ruiffeau qui fait le charme & l'ornement du Bocage. Les ombrages épais de l'aune à la feuille noirâtre permettent à peine au foleil de jeter, à travers fes maffes, des jours douteux & inégaux. Une petite cafcade d'une eau tranfparente donne, par fon doux murmure, un charme de plus à cette délicieufe retraite. C'eft ici, Peinture, qu'il faut quitter tes pinceaux ; ce tableau

---

(1) Voilà, avec les deux ponts du côté du nord, les feuls monumens des travaux d'un Architecte qui, dans fa théorie des jardins, veut faire entendre, d'une manière fort adroite, qu'il eft le créateur de ceux d'Ermenonville.

n'eft point fait pour toi, tu ne faurois rendre
fon effet féduifant : tes droits finiffent lorfque
la Nature ceffe de parler aux yeux ; c'eft à
la Poéfie à s'en emparer, lorfqu'elle parle à
l'imagination ; c'eft à la Poéfie feule qu'il
appartient de donner l'idée d'un bocage où rien
n'eft pittorefque, & où tout eft enchanteur;
c'eft elle qui doit animer cette fcène par le
ramage des oifeaux & les épifodes du génie;
c'eft elle auffi qui a fixé le caractère de cet
afile par les huit derniers vers de l'infcription
que voici :

O limpide fontaine ! ô fontaine chérie !
    Puiffe la fotte vanité
Ne jamais dédaigner ta rive humble & fleurie;
Que ton fimple fentier ne foit point fréquenté
    Par aucun tourment de la vie,
    Tels que l'ambition, l'envie,
    L'avarice, & la fauffeté !
Un bocage fi frais, un féjour fi tranquille,
Aux tendres fentimens doit feul fervir d'afile;
Ces rameaux amoureux, entrelaffés exprès,
Aux Mufes, aux Amours offrent leur voile épais;
    Et le criftal d'une onde pure
    A jamais ne doit réfléchir
    Que les graces de la Nature
    Et les images du plaifir.

Ce n'eft qu'avec peine qu'on parvient à
s'arracher d'un lieu fait pour plaire à tous
les âges : la jeuneffe voudroit y venir fou-

pirer le plaifir, l'âge mûr y vivre de *fouve-*
nances, & la vieilleffe y rêver l'avenir.

Le fentier ferpente au gré d'un ruiffeau
que vous traverfez fur un petit pont de bois ;
il vous conduit au bord d'un baffin d'une
eau tranfparente & pure, qui vient tomber
en différentes petites cafcades, pour former
le joli ruiffeau qu'on vient de côtoyer. Auprès de la première chûte, à l'ombre d'un
faule pleureur, on aperçoit un monument
dans le goût antique. On y lit ces deux
infcriptions :

> Qui regna l'Amore.
> « Ici règne l'Amour. »

> L'acque parlan d'amore,
> E l'aura, e i rami,
> E gli augeletti, e i pefci,
> E i fiori, e l'erba.   PETRARCA.

« Les eaux, le zéphyr, les feuillages, les petits
» oifeaux, les poiffons, les fleurs, le gazon, tout
» parle ici d'amour. »

Le fentier vous mène, en tournant, fur
le bord de la grande rivière, que vous traverfez dans un *va & viens*, vis à vis de la
tour de Gabrielle ; mais, tandis que vous
avancez, votre penfée vous ramène au Bocage : c'eft ainfi que le fouvenir peut encore
rendre heureux, lorfqu'on vient de ceffer de
l'être.

FONTAINE DU BOCAGE   23

LA TOUR DE GABRIELLE.

Pl: 24.

Vous débarquez au pied de cette tour, à laquelle eſt appuyée une maiſon d'un genre plus moderne, qui paroît devoir être celle du Batelier. Cette fabrique eſt ſituée ſur le point le plus élevé d'une île, & préſente, dans ſes différens aſpeas, des tableaux très-agréables : ſon ſtyle, ſa couleur, & ſa conſtruaion perſuaderoient qu'elle exiſtoit effectivement du temps de la belle Gabrielle ; ſon élévation & ſes acceſſoires la font paroître très-conſidérable. Elle eſt jointe à une petite tour carrée, par une porte gothique, ſur laquelle on lit :

> En cette tour, droit de péage,
> La belle Gabrielle avoit;
> C'eſt de tout temps qu'ici l'on doit
> A la beauté foi & hommage.

A côté de cette porte, vous voyez le trophée des armes de Dominique de Vic : il eſt au deſſus d'un monument dont la face principale eſt occupée par un bas-relief repréſentant la bataille d'Ivry, où cet ancien Seigneur d'Ermenonville reçut un coup de feu qui lui caſſa la jambe, comme on le voit par cette inſcription :

C'eſt ici le trophée de Dominique de Vic, dit *Sarrede*. Il eut la jambe emportée d'un boulet de canon à la bataille d'Ivry, où il étoit Sergent de bataille. Son amour pour Henri IV étoit ſi grand,

que paſſant par la rue de la Féronnerie deux jours
après la perte horrible de ce bon Prince, il y fut
ſaiſi d'une telle douleur, qu'il en tomba preſque mort
ſur la place même, & en expira le lendemain.

En ce bocage où ton laurier repoſe
   Sur le joli myrte d'amour,
   Ton fidèle ſujet dépoſe
   Ses armes à toi pour toujours.
O mon cher, mon bien aimé Maître!
   J'ai déjà, ſous ton étendart,
   Perdu de mes membres le quart;
   Te voue ici mon reſtant être.
Que ſi d'un pied marche trop lent pour toi,
Point ne défaudrai meilleure aide;
   Car pour combattre pour ſon Roi,
   L'amour fera voler *Sarrede.*

L'idée qu'on ſe forme de l'antiquité de
cette tour, n'eſt point du tout détruite par
le ſtyle de l'intérieur; il répond parfaitement
à celui du temps où elle eſt cenſée avoir
été conſtruite.

On entre d'abord dans une cuiſine gothique, voûtée, & ſoutenue dans le milieu par
un gros pilier, ſur lequel on a écrit ce
couplet:

Sur l'Air : *De la belle Gabrielle.*

   De ce bon Henri IV
   Vous voyez le ſéjour,
   Lorſque las de combattre,
   Il y faiſoit l'amour.

Sa belle Gabrielle
Fut dans ces lieux,
Et le souvenir d'elle
Nous rend heureux (1).

La salle du Passeur, que vous traversez en-
suite, est meublée en natte : l'escalier de bois
qui est en dehors de la maison, vous mène
dans la chambre du Batelier ; elle commu-
nique au salon de la tour, décoré de six colonnes cannelées, soutenant une coupole. Au
dessus d'une des portes, on a mis un buste
d'Henri IV, au dessous duquel on lit :

Un Roi qu'on aime est un Dieu sur la terre.

Un petit escalier qui donne dans le salon,
vous fait parvenir sur la plate-forme du
bâtiment, d'où vous découvrez un aspect
magnifique, & d'autant plus agréable, que
la forme circulaire de la tour en augmente
la variété, parce que votre œil ne peut
embrasser à la fois qu'une petite partie du
pays.

Vous apercevez tout le développement de
la rivière qui serpente à travers les prairies :
la vallée du midi est bornée par le château ;

---

(1) Ce Couplet est de M. Sedaine, de l'Académie
Françoise.

plus loin, vous voyez quelques maifons du village paroître à travers les arbres ; elles prennent pour fond toute la maffe de la forêt: à l'*eft*, vous retrouvez les hauteurs du Défert, le lac qui vient baigner le pied des rochers de Jean-Jacques ; c'eft là que vous vous êtes arrêtés pour regarder un joli tableau ; c'eft ici que vous avez paffé : on jouit deux fois d'une promenade agréable, quand on revoit, d'un feul point, la plus grande partie du pays que l'on a parcouru.

Si vous reportez votre vue vers le nord, vous apercevez l'abbaye de Chaalis qui s'élève du milieu des bois, & qui fe détache fur des fonds vaporeux, dont la teinte bleuâtre fe dégrade & s'unit avec celle du ciel ; vous découvrez auffi la côte fertile de mont Epiloy, dont le village & la tour font un fi bon effet de la terraffe du château.

A l'*oueft*, au pied des côtes fablonneufes, couronnées par le bois de *Perte*, on voit une vigne, au milieu de laquelle eft conftruite, à côté du preffoir, une fabrique d'une jolie forme, fur le modèle d'un temple de Bacchus, qui fubfifte encore dans les environs de Rome ; ce bâtiment eft le logement du Vigneron.

Lorfqu'on eft defcendu au pied de la tour, il

il faut prendre le premier fentier qui fe préfente ; il paffe au milieu d'arbres verts, d'efpèces différentes, & fe divife, à l'entrée d'une
voûte de lilas, en deux branches, qui fe
réuniffent au pont que l'on traverfe pour
fortir de l'île : elle eft plantée d'arbuftes, mais
on défireroit encore y trouver des fleurs de
toutes efpèces, dont les odeurs parfumeroient
délicieufement l'air ; l'île de *Gabrielle* doit
être le bofquet de l'amour.

Toute la partie qui vous fait face eft rem-
plie de vignes, de potagers, & fe joint à
l'enclos des cultures (1) ; un fentier qui prend

---

(1) J'ai entendu dire que M. de Gérardin avoit divifé
en différens enclos la partie de la plaine la plus
proche du village ; que fon intention étoit d'y faire
bâtir des métairies, pour les donner aux gens les plus
vertueux de la paroiffe, d'établir un prix d'encoura-
gement pour augmenter l'émulation, & de tâcher, par
des effais fur l'agriculture, d'approcher des Anglois
dans un art qu'ils ont fi fort perfectionné.

Si jamais cet exemple pouvoit déterminer à divifer
les terres en petites cultures, au lieu de les réunir en une
feule *ferme* qui n'enrichit qu'un feul homme, tandis
qu'elle fuffiroit pour faire vivre dans l'aifance tous les
habitans d'une paroiffe, M. de Gérardin auroit rendu un
grand fervice à fes femblables & à fa patrie ; car la fource
de la vraie richeffe eft dans l'agriculture, comme la fûreté
d'un Gouvernement dans le bonheur des peuples.

E

fur la droite , vous ramène au pont du château.

C'eſt là que ſe termine une promenade de trois ou quatre heures, que j'ai dirigée par les points de vue les plus intéreſſans. Il eſt poſſible de trouver en Angleterre, & même en France, des jardins qui offrent quelques parties beaucoup plus belles ; mais il n'en eſt point où l'enſemble ſoit auſſi parfait, où le pays & les payſages offrent autant de variété , puiſque, dans un eſpace de temps auſſi court, & dans un *lieu* circonſcrit, vous avez vu les effets les plus piquans de la Nature , lacs , caſcades , rivières , ruiſſeaux , rochers, déſerts arides, prairies, pays champêtres ; enfin toutes les parties qui pourroient contribuer à l'embelliſſement des jardins , ſe trouvent réunies en un ſeul.

Je ſais qu'il faudroit plus d'un jour pour connoître parfaitement toutes les beautés d'un parc qui a plus de deux lieues de tour, en y comprenant l'enclos des cultures : leur deſcription exigeroit un Ouvrage beaucoup plus volumineux ; pour les rendre, il faudroit des eſtampes plus grandes & plus ſoignées ; mais mon intention, en publiant ce Livre, eſt ſeulement qu'il ſerve de guide à ceux qui viennent voir les jardins d'Ermenonville, qu'il en donne une idée à ceux qui ne les connoiſſent pas, & qu'il fixe le ſouvenir de ceux qui les ont vus.

APPROBATION.

J'AI lu, par ordre de Monſeigneur le Garde des Sceaux, un Manuſcrit qui a pour titre *Promenade ou Itinéraire des jardins d'Erménonville, &c.*; cet Ouvrage ne contient rien qui doive en empêcher l'impreſſion & le débit avec les gravures qui en ſont partie. A Paris, ce 22 juillet 1788.

LE BEGUE DE PRESLE.

PRIVILÉGE DU ROI.

L, OUIS, par la grace de Dieu, Roi de France & de Navarre, à nos aînés & féaux Conſeillers, les Gens tenant nos Cours de Parlement, Maîtres des Requêtes ordinaires de notre Hôtel, Grand Conſeil, Prévôt de Paris, Baillis, Sénéchaux, leurs Lieutenans Civils, & autres nos Juſticiers qu'il appartiendra: SALUT. Notre amé le Sieur MÉRIGOT l'aîné, Libraire à Paris, nous a fait expoſer qu'il déſireroit faire imprimer & donner au Public *Les Promenades ou itinéraire portatif des jardins d'Ermenonville, orné d'Eſtampes, par M****. s'il nous plaiſoit lui accorder nos Lettres de Privilége pour ce néceſſaires. A CES CAUSES, voulant favorablement traiter l'Expoſant, nous lui avons permis & permettons par ces préſentes de faire imprimer ledit Ouvrage autant de fois que bon lui ſemblera, de le vendre, faire vendre & débiter par tout notre Royaume pendant le temps de dix années conſécutives, à compter de la date des Préſentes. Faiſons défenſes à tous Imprimeurs, Libraires & autres perſonnes, de quelque qualité & condition qu'elles ſoient, d'en introduire d'impreſſion étrangere dans aucun lieu de notre obéiſſance; comme auſſi d'imprimer ou faire imprimer, vendre, faire vendre, débiter ni contrefaire ledit Ouvrage, ſous quelque prétexte que ce puiſſe être, ſans la permiſſion expreſſe & par écrit dudit Expoſant, ſes hoirs ou ayans cauſe, à peine de ſaiſie & de confiſcation des exemplaires contrefaits, de ſix mille livres d'amende, qui ne pourra être modérée, pour la première fois; de pareille amende & de déchéance d'état, en cas de récidive, & de tous dépens, dommages & intérêts, conformément à l'Arrêt du Conſeil du 30 Août 1777, concernant les contrefaçons: à la charge que ces

Préfentes feront enregiftrées tout au long fur le Regiftre de la
Communauté des Imprimeurs & Libraires de Paris, dans trois
mois de la date d'icelles ; que l'impreffion dudit Ouvrage fera
faite dans notre Royaume & non ailleurs, en beau papier &
beaux caractères, conformément aux Réglemens de la Librairie,
à peine de déchéance du préfent Privilége ; qu'avant de l'expofer
en vente, le manufcrit qui aura fervi de copie à l'impreffion
dudit Ouvrage, fera remis dans le même état où l'Approbation
y aura été donnée, ès mains de notre très-cher & féal Chevalier, Garde des Sceaux de France, le fieur DE LAMOIGNON,
Commandeur de nos Ordres ; qu'il en fera enfuite remis
deux exemplaires dans notre Bibliothèque publique, un dans
celle de notre Château du Louvre, un dans celle de notre très-
cher & féal Chevalier, Chancelier de France, le fieur DE
MAUPEOU, & un dans celle dudit fieur DE LAMOIGNON.
Le tout à peine de nullité des Préfentes ; du contenu defquelles
vous mandons & enjoignons de faire jouir ledit Expofant & fes
ayans caufe pleinement & paifiblement, fans fouffrir qu'il leur
foit fait aucun trouble ou empêchement. Voulons que la copie
des Préfentes, qui fera imprimée tout au long au commencement
ou à la fin dudit Ouvrage, foit tenue pour dûment fignifiée,
& qu'aux copies collationnées par l'un de nos amés & féaux
Confeillers-Secrétaires, foi foit ajoutée comme à l'original. Com-
mandons au premier notre Huiffier ou Sergent fur ce requis, de
faire pour l'exécution d'icelles tous actes requis & néceffaires,
fans demander autre permiffion, & nonobftant clameur de Haro,
Charte Normande, & Lettres à ce contraires. CAR tel eft notre
plaifir. Donné a Verfailles, le deuxieme jour du mois de Juillet,
l'an de grace mil fept cent quatre-vingt-huit, & de notre
Regne le quinzieme. Par le Roi en fon Confeil.

LE BEGUE.

*Regiftré fur le Regiftre XXIII de la Chambre Royale &
Syndicale des Libraires & Imprimeurs de Paris, n°. 1687, fol.
591, conformément aux difpofitions énoncées dans le préfent
Privilége ; & à la charge de remettre à ladite Chambre les neuf
exemplaires prefcrits par l'Arrêt du Confeil du 16 Avril 1785,
A Paris, le 11 Juillet 1788.* KNAPEN, Syndic,

CHANSON
du Berger de la Grotte verte

Amoroso

Ô, Chlo-é, je t'ai-me, par ce que ton

â-me est aus-si dou-ce que les gra-ces qui

t'em-bel-lis-sent. Cet-te Grot-te de ver-du-re,

c'est moi qui l'ai fai-te pour toy. Ô, Chlo-é

je t'ai-me par ce que ton â-me est aus-si dou-ce

que les gra-ces qui t'em-bel-lis-sent. El-le est ga-ran-

-ti-e des ar-deurs du mi-di; les ze-phirs seuls y

peu-vent pé-né-trer. Ô, Chlo-é, je t'ai-me,

par ce que ton â-me est aus-si dou-ce que les

gra-ces qui t'em-bel-lis-sent. Au pied de son om-bra-ge,

est u-ne pe-ti-te sour-ce d'eau pu-re:

tous les oi-seaux de ce bo-ca-ge s'y ren-dront

à ta voix, di-ci nous pour-rons voir nos trou-

-peaux bon-dir sur la prai-ri-e voi-si-ne.

Viens Chlo-é, viens dans cet-te re-trai-te ;

nous y se-rons heu-reux, car non seu-le-ment je

t'ai-me, mais je l'ai-me-rai tou-jours.

Par ce que ton à-me est aus-si dou-ce que les

gra-ces qui t'em-bel-lis-sent. Et Chlo-é ai-me ra

Da-phnis par ce qu'au cun Ber-ger ne peut l'ai-mer

ne peut l'ai-mer mieux que lui?.

www.ingramcontent.com/pod-product-compliance
Lightning Source LLC
LaVergne TN
LVHW050647090426
835512LV00007B/1071